Otto W. Bringer

Glasgedanken

Copyright: © 2019 Otto W. Bringer
Satz: Erik Kinting – www.buchlektorat.net
Fotos, Fotobearbeitung und Umschlag: Otto W. Bringer

Verlag und Druck:
tredition GmbH
Halenreie 40-44
22359 Hamburg

978-3-7497-2347-8 (Paperback)
978-3-7497-2348-5 (Hardcover)
978-3-7497-2349-2 (e-Book)

Das Werk, einschließlich seiner Teile, ist urheberrechtlich geschützt. Jede Verwertung ist ohne Zustimmung des Verlages und des Autors unzulässig. Dies gilt insbesondere für die elektronische oder sonstige Vervielfältigung, Übersetzung, Verbreitung und öffentliche Zugänglichmachung.

Bibliografische Information der Deutschen Nationalbibliothek:
Die Deutsche Nationalbibliothek verzeichnet diese Publikation in der Deutschen Nationalbibliografie; detaillierte bibliografische Daten sind im Internet über http://dnb.d-nb.de abrufbar.

Glas ist mehr als durchsichtig. Die Fotos dieses Büchleins lassen ahnen, dahinter steckt mehr. Verfremdet und verwandelt in Kamera und Computer. Trotz allem: Glas bleibt Glas. Gläsernes gläsern. Lässt wie alles Transparente tiefer blicken. Gedanken begegnen, die wir uns scheuen zu denken. Obwohl sie Alltag sind. Der Autor hat sich von den Fotos begeistern lassen, Mit leichter Hand begonnen, Verse zu schmieden. Damit Leser sie verstehen und weiter denken können.

Genug

getrunken
genug geliebt
ist es das Ende der Zeit?

im Glas pulsiert
noch Lust

doch am Rande
drängt sich alles

Seit wir

die Tage vertaumeln
mit nichts als Lust
im Gepäck

scheint die Angst
gestorben zu sein

doch das Feuer
unter unsern Füßen
brennt

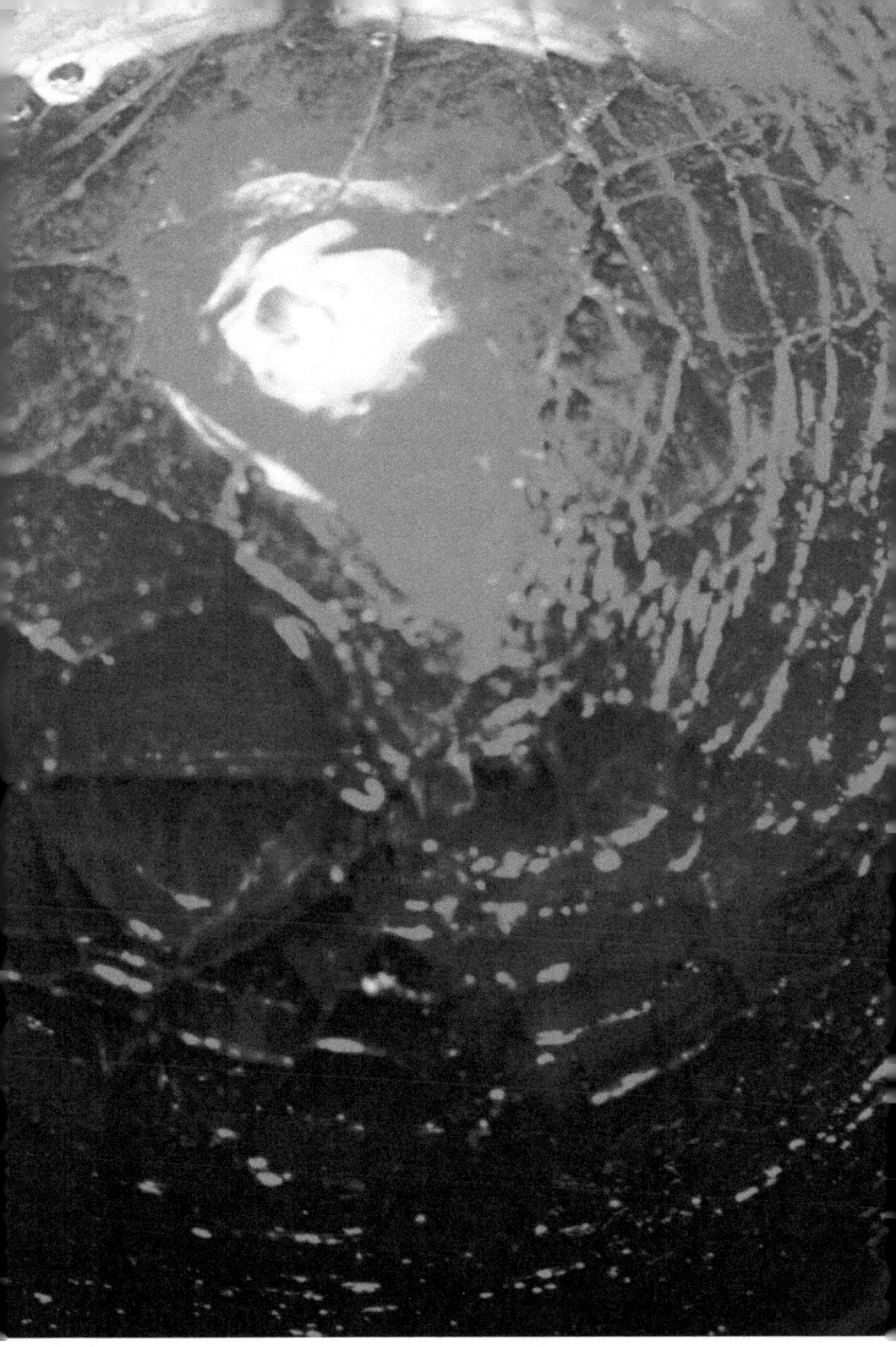

Chancen

Wenn du dich oben wähnst
reicht dein Blick
weiter als vorher
aber nicht weit genug

weißt du ein Stück mehr
aber noch lange nicht
alles

es bleibt dir
nichts anderes als

höher zu steigen

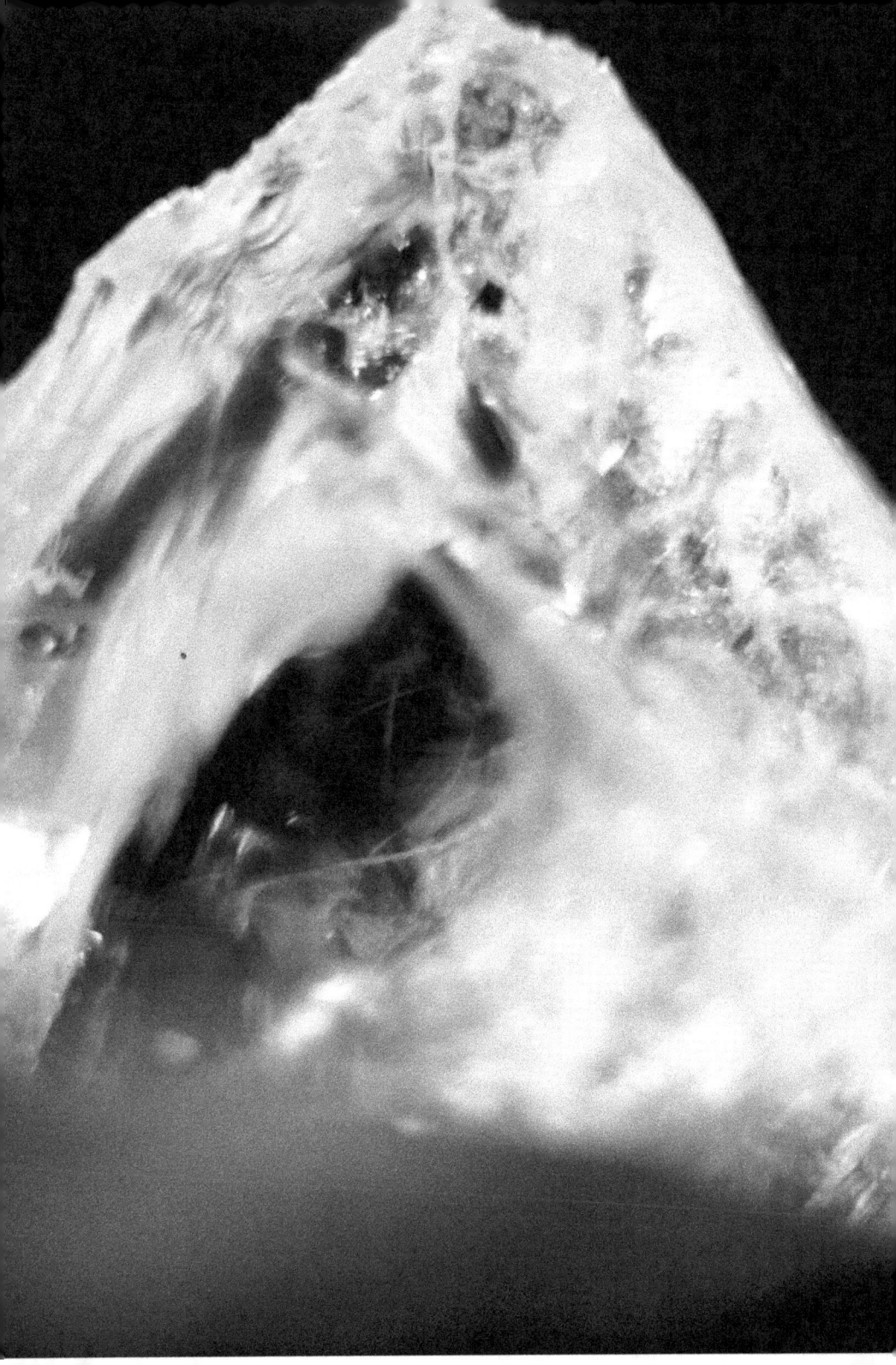

Conditio sine qua non

Könnten wir das Chaos
in uns
nur um ein weniges
verringern

die Welt
um uns herum
hätte ein paar Probleme

weniger

Millenium

Als wir lustvoll
dem Ende
des Jahrtausends
zutaumelten

um diesen
vergänglichsten
aller Augenblicke
zu feiern

starb in den Sternen
die Zeit

Bitte

möge es
so bleiben
wie es ist
momentan

fraglos

klaglos

ahnungslos

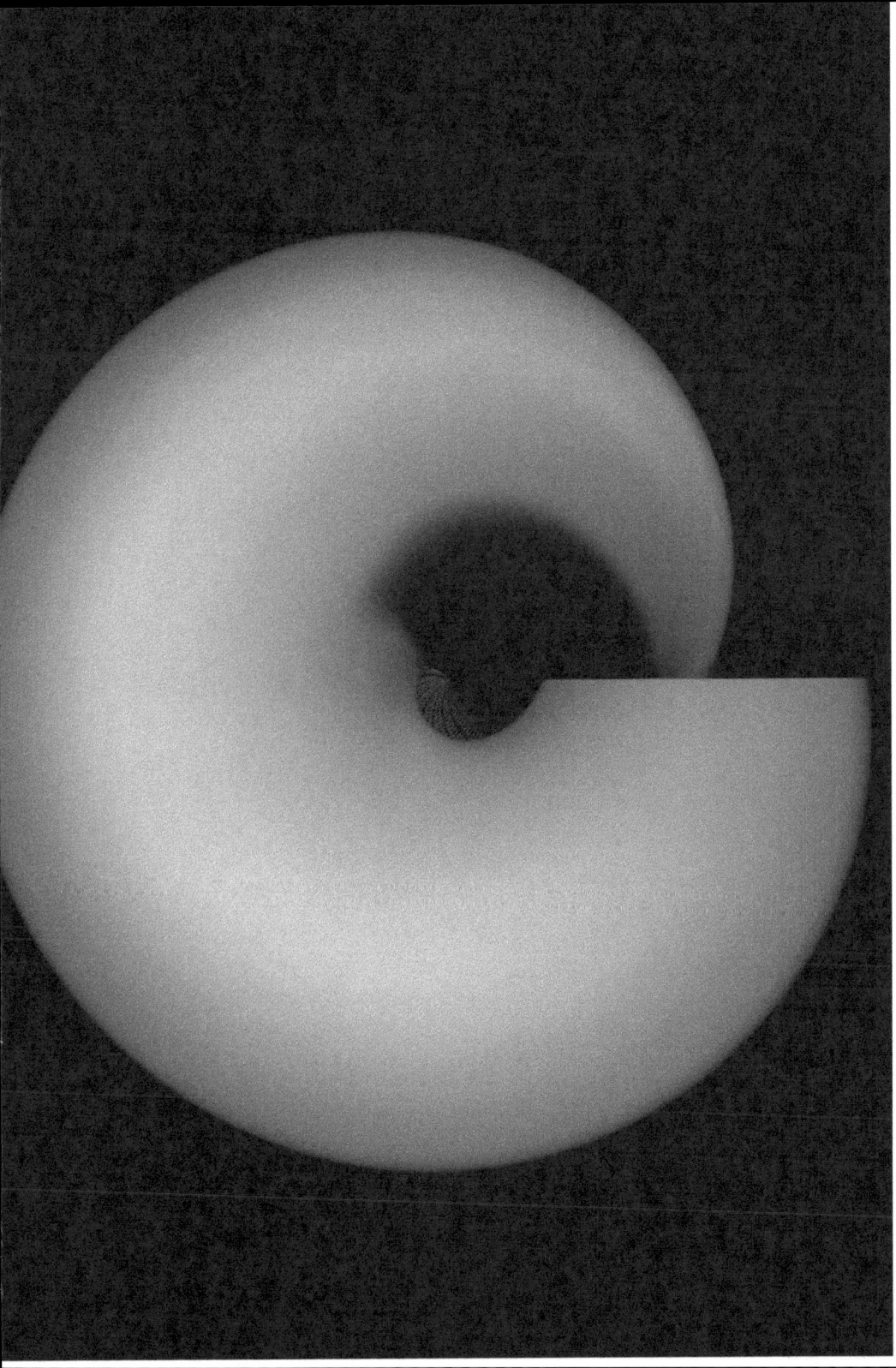

Spiegelungen

meistens
gewinnst du
den Kampf gegen die
Illusion

doch wie schwer
fällt es dir
den Spiegel
fallen zu lassen

in dem du
schöner scheinst
als du bist

Augenblicke

manches verschlägt
dir die Sprache

anderes
treibt dich zu fragen

genieße den
Augenblick

nicht jedes
Rätsel
muss gelöst werden

nicht alles Schöne
verstanden

Licht

ist in allen Dingen
den dunklen
den hellen

in den nahen
den entfernten

den geliebten
und verhassten

in allem Wirklichen
entdeckst du
Unwirkliches

und dein Herz
hupft

Immer
wenn dir
Schönes
begegnet

kannst du nicht
genug
hinschauen

immer
wenn dich Liebe
überfällt

schließt du
die Augen

probier´s
doch mal
umgekehrt

Lasst mich doch
traurig sein

redet mir doch nicht
ständig ein
es wird schon wieder

ich möchte
ganz tief fallen
bis ich selbst
das Ende spüre

und Lust bekomme
wieder
aufzusteigen

und zu lachen

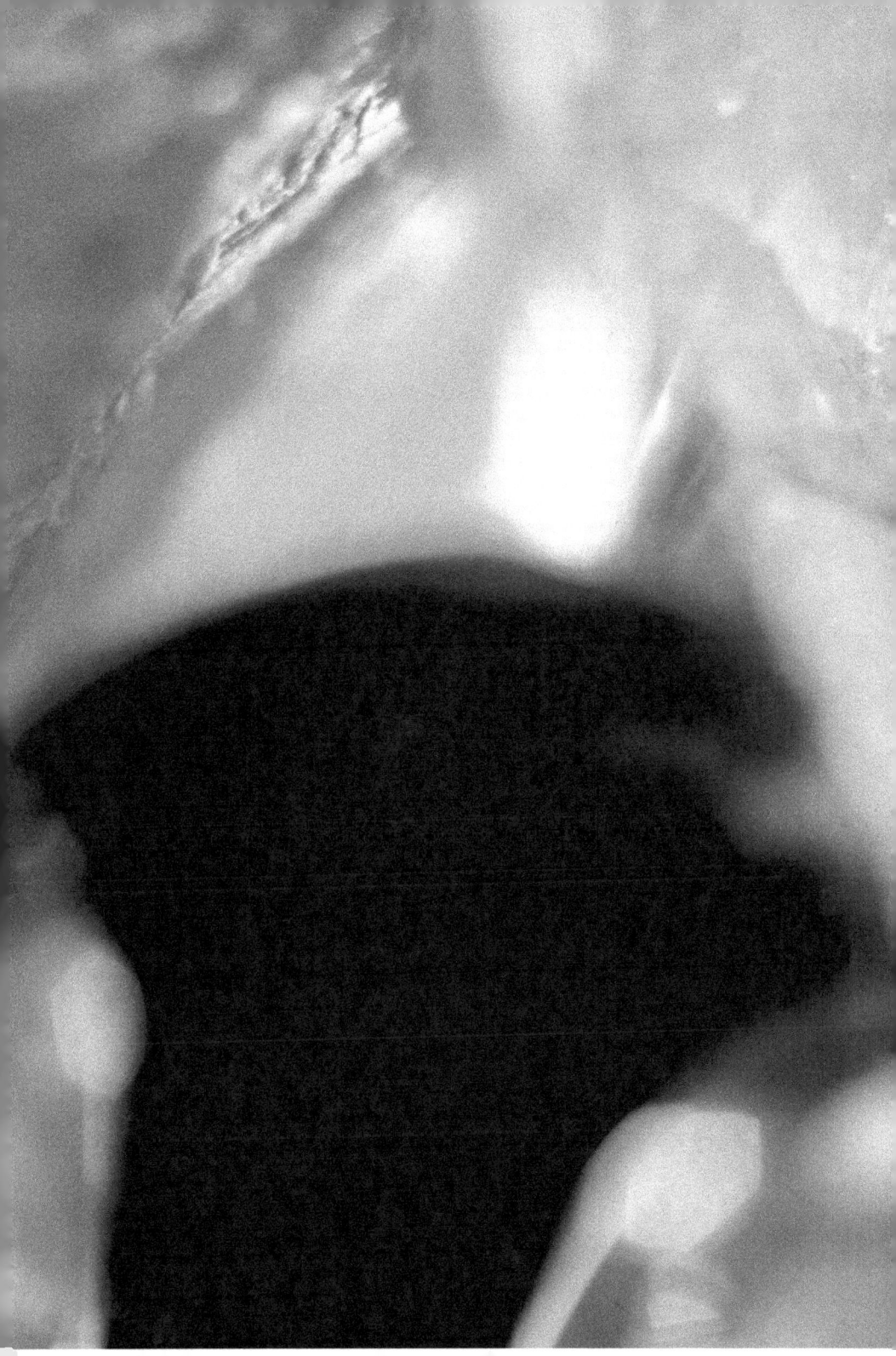

Wohin wir
auch rollen

wie Kugeln
dem Glück
entgegen

an allen Enden
von Erde
und Himmel
lauert ein Loch

um uns zu
verschlucken

uns glücklose

glückliche

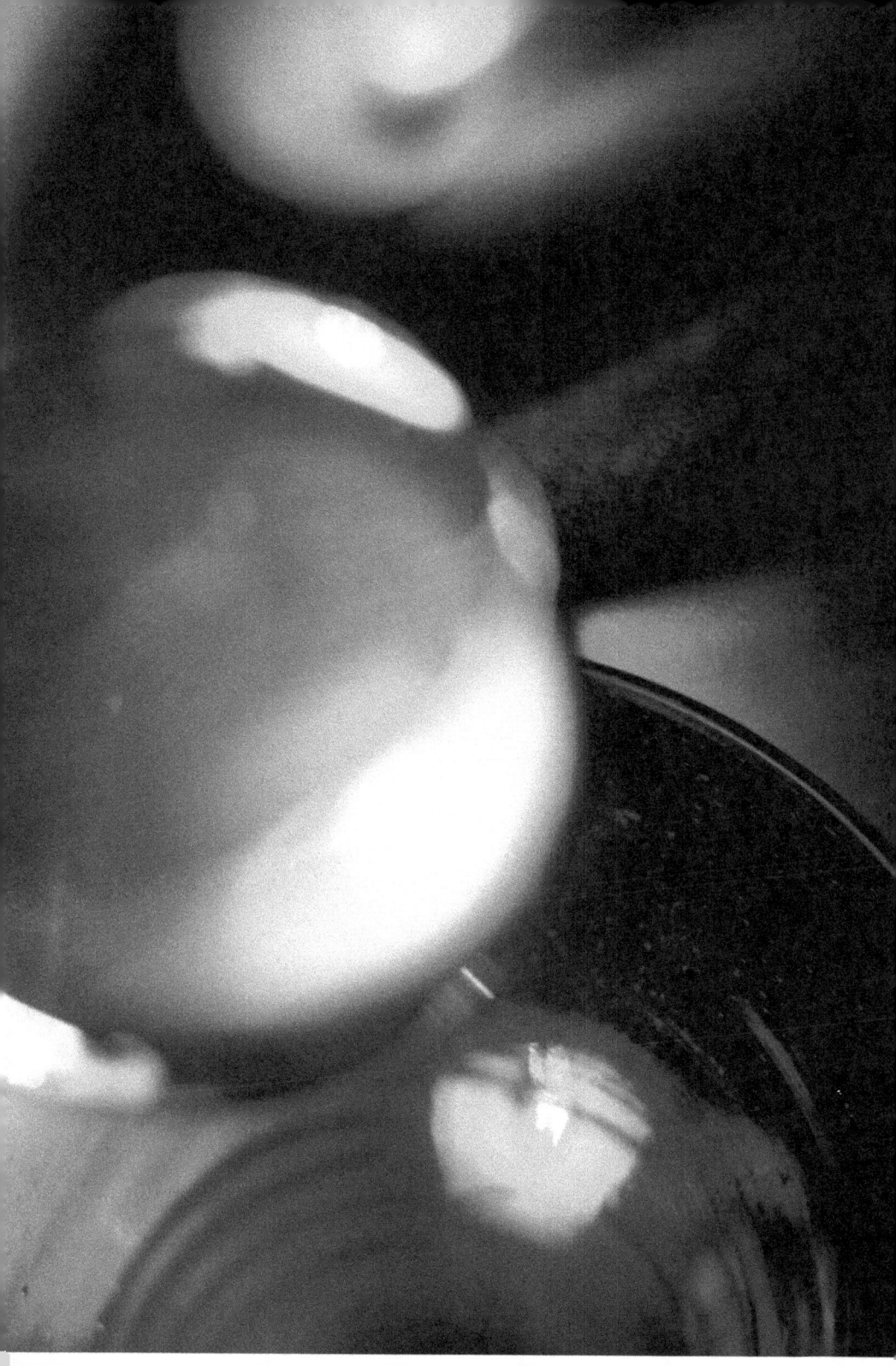

Greif zu

der Wein
bleibt nicht
im Glas

das Jahr
nicht im Kalender

die Liebe
nicht im Herzen

greif zu

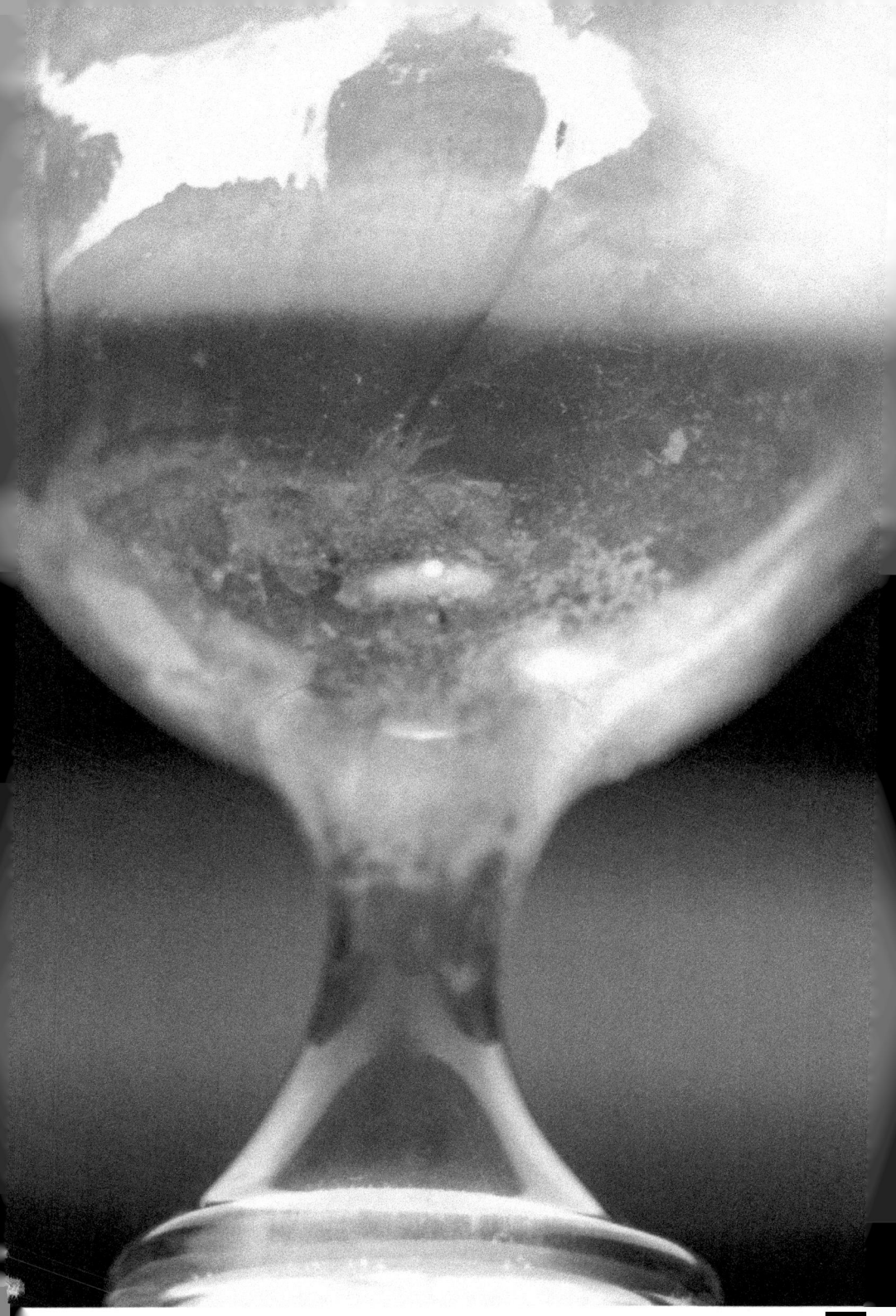

Alles in Ordnung?

schön
nebeneinander
hintereinander
nach den Buchstaben
des Alphabets

damit du schnell
findest
was du irgendwann
einmal
abgelegt hast

im Büro unentbehrlich
zuhause hilfreich
im Leben

unmöglich

Anfangs
wärst du fast
verbrannt

als dich die Liebe
erwischte

aber ein Rest
von Coolness
hatte sich
in deinem Hirn
festgekrallt

und sickert
langsam

ganz
langsam

südwärts

Pantha rhei
alles fließt

du stehst
mitten
im Leben

denkst
um dich herum
läuft alles
wie es soll

wie lange wohl?

Willkommen

Goldglanz
ist müde geworden

Silber
grämt sich
zu Tode

wage
den Sprung
ins Herz der Dinge

das dir
entgegen
schlägt

seit Anbeginn

Wenn du dich traust

verbrenne alles
was du hast

deinen Kummer
deine Rache
deine Träume

Erinnerungen
Bücher
Bilder

die Bank
im Garten
deines Hauses

das Haus

und dir
werden Flügel
wachsen

Tempora mutantur

die Zeiten
ändern sich

seitdem wir
im Weltraum
surfen

sind uns
die Sterne
abhanden
gekommen

möglich
dass sie in deinem Kopf
kreisen

und alten Gedanken
begegnen

dann und wann

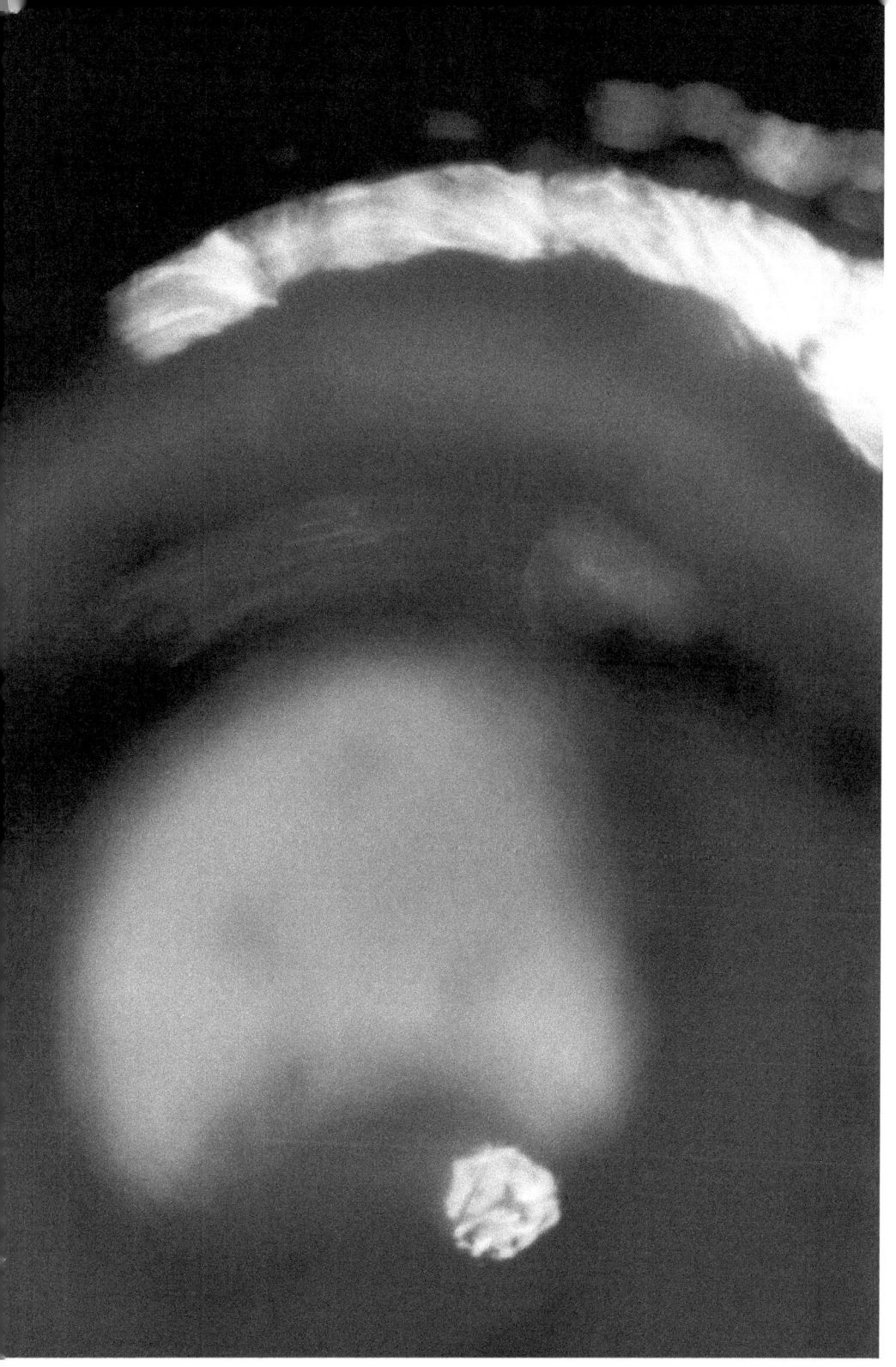

Nach dem 11. September

wir werden wieder
Kathedralen bauen

jenseits
aller
Fassungslosigkeit

neue Türme
aufrichten
über den
Trümmern

und Lichter
anzünden

bis
obenhin

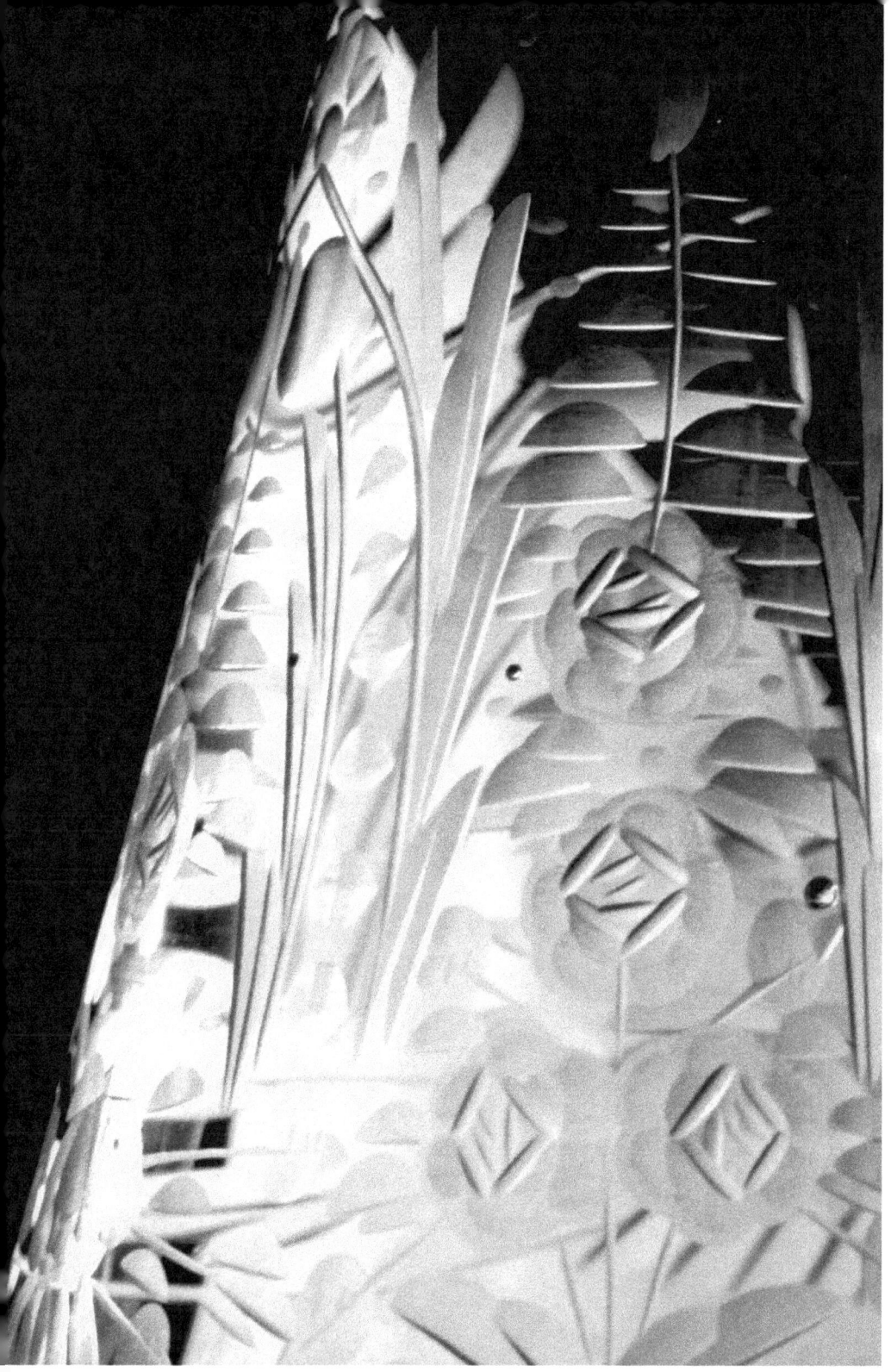

Ein Glas Grün

auf den Kopf gestelltes
Lächeln

fragt nicht
antwortet nicht
lächelt nur

sonnenhungrig
tränenfeucht

hoffentlich
geht's
gut

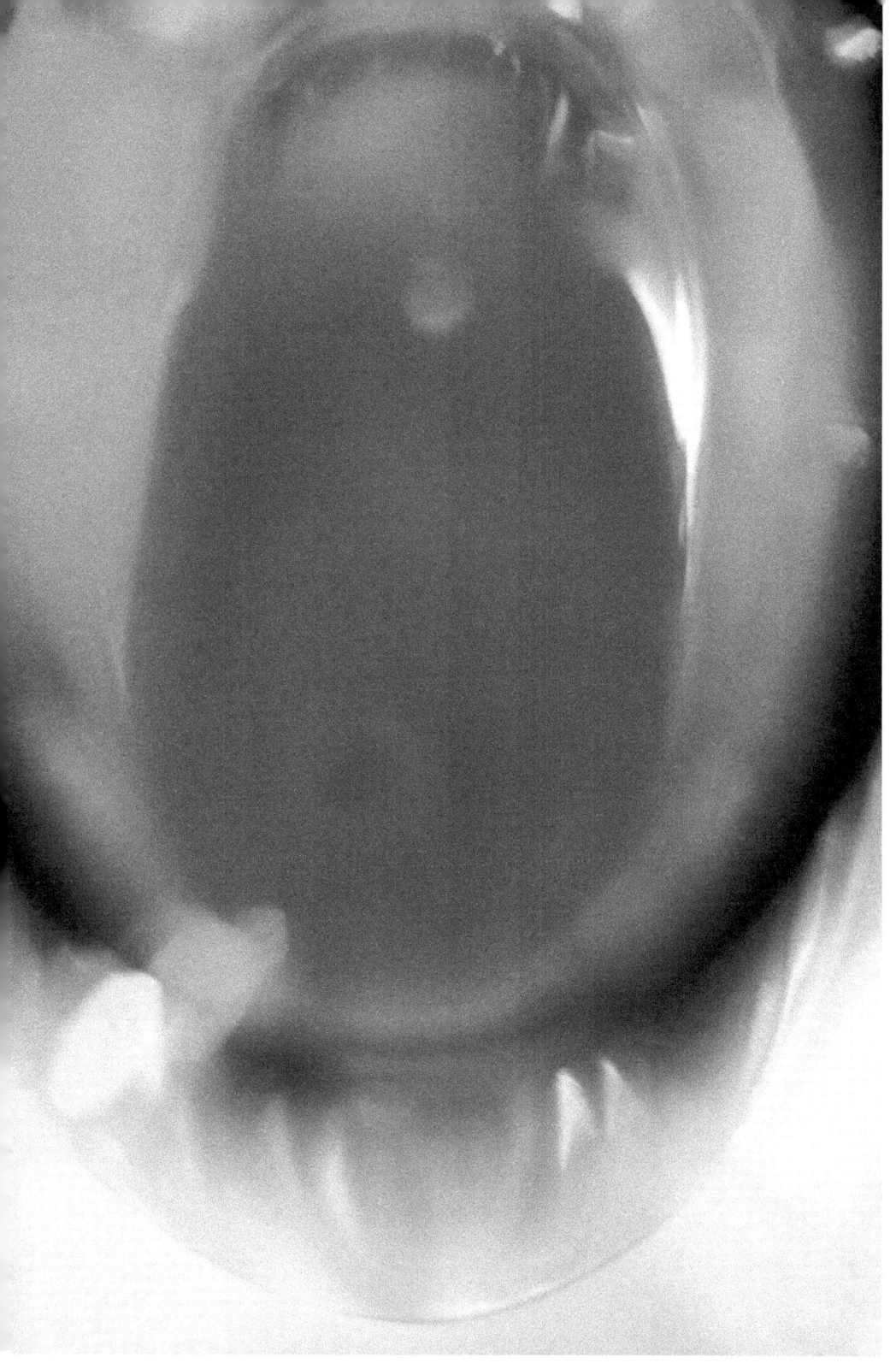

Auch dein Herz

schlägt
und schlägt
und hört
nicht auf

solange du
es aushältst

heute
morgen
und in
Ewigkeit

Amen

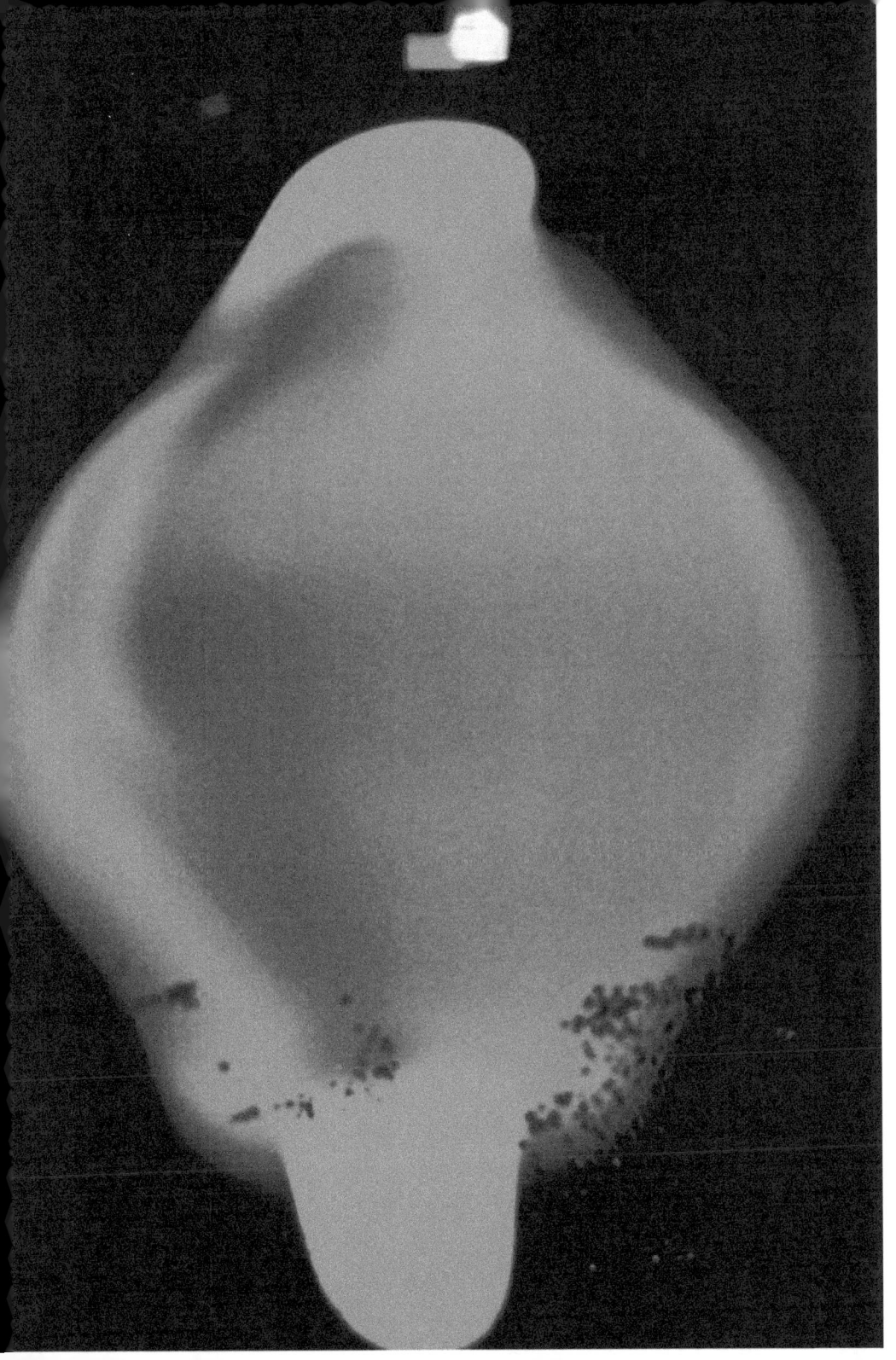

Versuch´s

wie tief
kannst du
tauchen?

um das Ende
des Atems
zu spüren

und den Anfang
der Lust

stärker
zu sein als
der Tod

Prosit

leer sind
die Gläser
am Anfang
immer

bis du sie
mit Hoffnung
füllst
und Lust

sie bis zum
letzten Tropfen
auszukosten

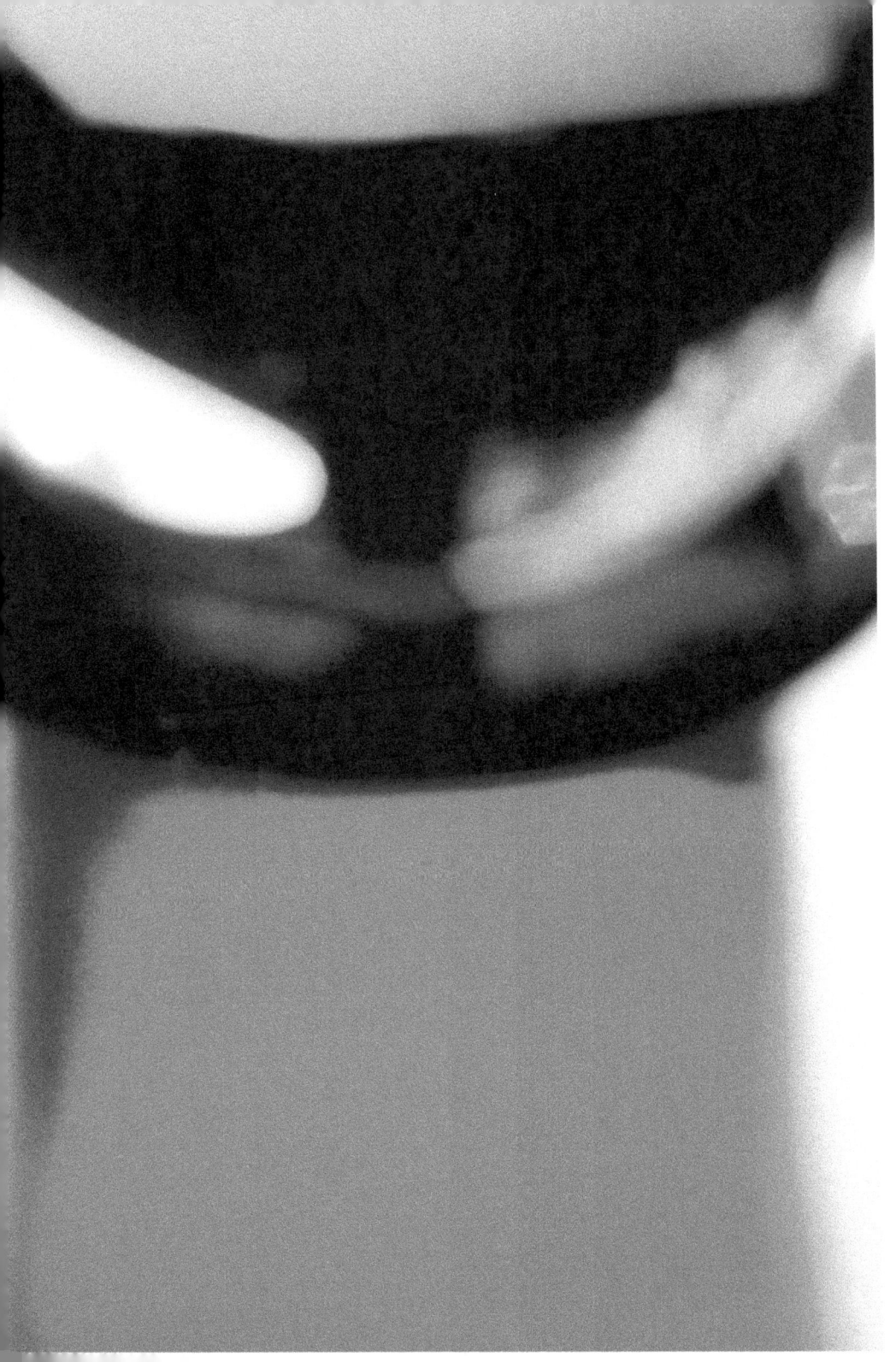

Sonne im Glas

noch leuchtet
die Sonne im Glas

noch fallen
die Sterne
in meinen Wein

noch kann ich
die Tage feiern

wie sie
kommen

Erkenntnis

seit wir ihn
den blauen
Planeten
nennen

brennt er uns
unter den Füßen

und die Geschichten
von gestern

sind nicht mehr
die Geschichten
von heute
und morgen

Nicht jeder Tag
ist wie der andere
so wenig wie
ein Augenblick
sich durch den
Wimpernvorhang
stiehlt

denn niemand
fühlt dasselbe
zweimal

weil er nie
derselbe ist
nach Sekunden
Stunden, Tagen

weil er
immer neu ist
erweitert um
Erlebnisse
Ergebnisse

durchlöchert
von Fragen

Du denkst

alles drin
zu haben
im Topf

das Geld
das Auto
Bett und Frau

alles schön
glatt gerührt

wohl
bekomm´s

Gefühle

immer
wenn du
eintauchst

verlierst du
den Verstand

immer
wenn du
auftauchst
wird dir
alles klar

wie
kannst du das
aushalten

ein Leben
lang

Bildnisse

hast du nicht einen Fuß
ihn vor den anderen
zu setzen – jeweils?

präge wenigstens
einen von ihnen der Erde ein
damit sie ein Bild von dir hat

hast du nicht Augen
die drei Dimensionen
spielend erfassen?
werf' wenigstens
eines von ihnen zum Uranus
damit er ein Bild von dir hat

hast du nicht die Fähigkeit
zu lieben?
dann liebe einen Menschen
liebe ihn über alle Maßen
damit du endlich
ein Bild von dir selber hast

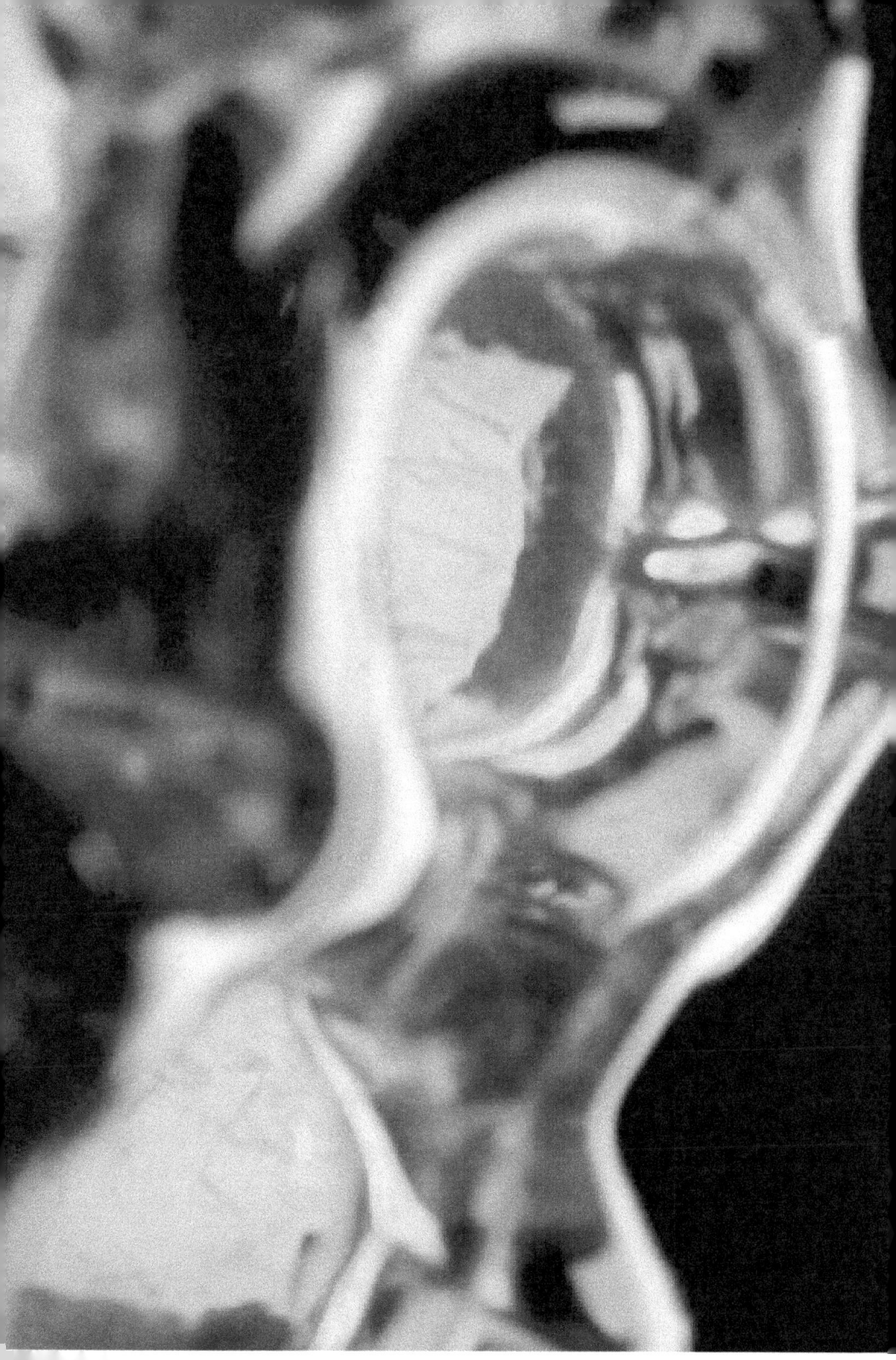

Weihnachten

die Tage sind reif
den Gefühlen
zu folgen

einzutauchen
in den Duft
von Kardamom

Erinnerungen
heraufzuholen

entfallene Worte

vergessene
Umarmungen

Freude tut gut

macht schön
verändert
möchte bleiben

länger als
drei Tage
Weihnachten

Anfangen

ohne zu wissen
was einem blüht

weitermachen
ohne zu ahnen
wie lange
es gut geht

einfach
geradeaus gehen
und den Himmel sehen

über allem

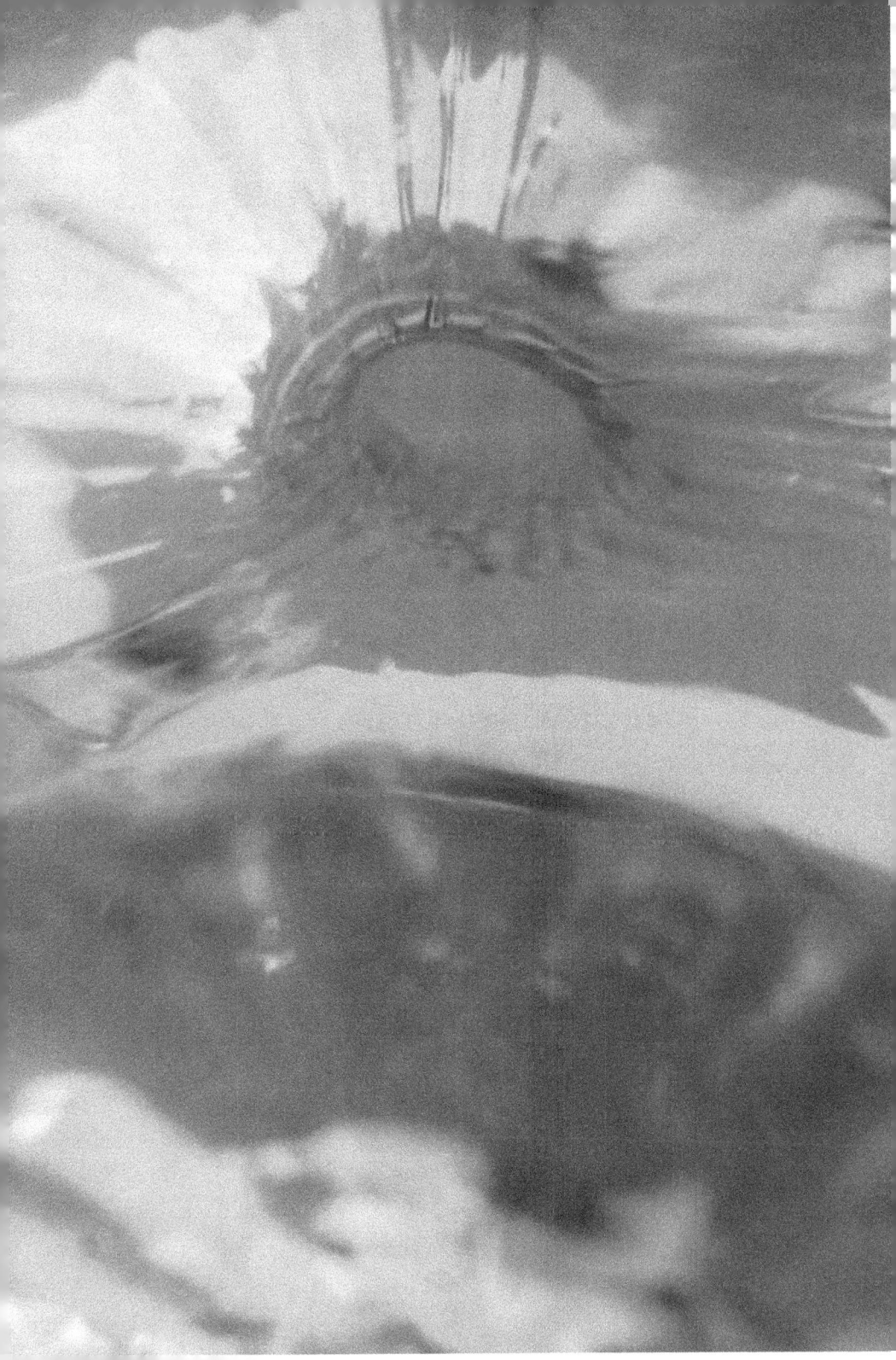

Die Phasen des Mondes
halfen Menschen schon früh
die Zeit zu messen

im Vollmondschein
die Bibel zu lesen
oder den Koran
Trauben zu ernten
für besseren Wein

heute ist der leuchtende
Erdtrabant
nur noch Objekt
für die Wissenschaft

Anlass für Verliebte
zu träumen

Lerchen und Mistkäfer
die Orientierung
zu erleichtern

dem Palolowurm
sich fortzupflanzen

Varianten

Sonne genossen
der eine

zu wenig
Sonne gehabt
der andere

Sonne im Herzen
der lachende
dritte

Allemal

brech die Früchte
sobald sie reif sind

genieße
ihre Süße

und singe
das Ende
vom Lied

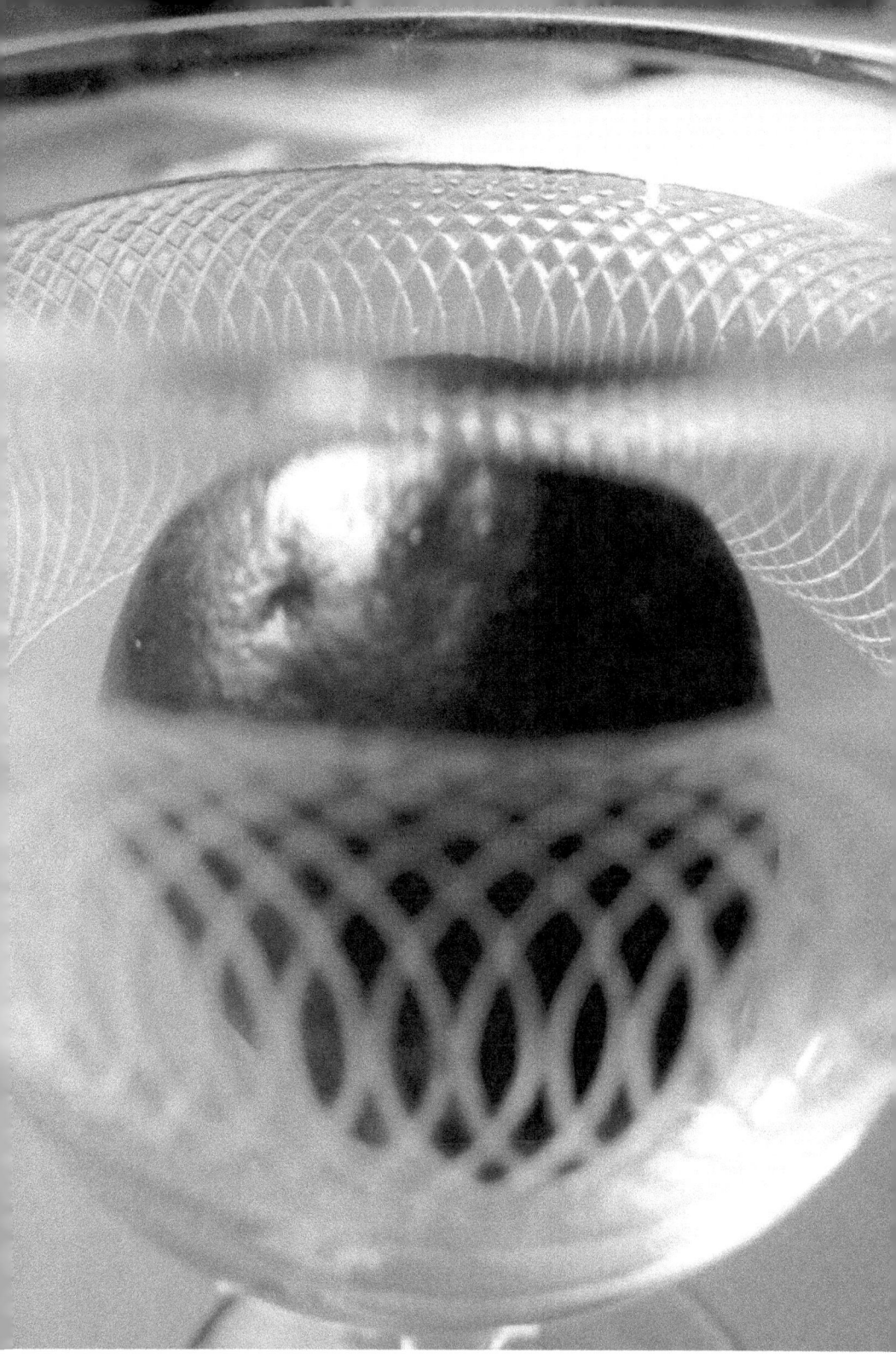

Sind die Grenzen
unserer Existenz
im Unendlichen?

jenseits der
Satellitenbahnen?

oder nah wie ein
Steinwurf?

gerade so weit
wie der Schwung
eines Armes reicht

wie der Saldo
aus Kraft und
Sehnsucht nach Nähe

vielleicht
liegt die Chance
der Entdeckung
unserer Grenzenlosigkeit

in der Zeit
zwischen wünschen
und wollen

Du bist unterwegs

schon sehr lange

bergauf
bergab

durch dunkle
Schluchten
auf hellen Höhen

lerntest
erwachsen zu werden
Experte
auf deinem Gebiet

eine gute Mutter zu sein
ein guter Vater

älter werden
ohne zu jammern

nur Mut
die Richtung stimmt

Es gibt etwas

das größer ist als du und ich

einer nennt es Gott
ein anderer Jahwe
oder Allah

für viele ist es
der große Unbekannte

Auge, das alles sieht
Supermechanikus,
der alles regelt

die Jahreszeiten
den Lauf der Gestirne
alles Leben
auf dieser Erde

wer oder was es auch ist
es ist größer als wir

wir sind gut beraten
daran nichts ändern zu wollen

Früh genug

erlaube dem Tod
sich in den Falten
deiner Seele
einzunisten

und du gewöhnst
ihn daran
dass sich die Falten
entfalten
von Zeit zu Zeit
beim Fliegen
von Insel
zu Insel

über dem Ozean
vieler Jahre
vielleicht
könnte er den Halt
verlieren

während du
die Sterne pflückst
am Firmament

Weitere Bücher von Otto W. Bringer

"**ROSE LEBT**": Wieder auferstanden in diesem Buch. Lebendig in Bildern und Liebesbriefen an die Verstorbene.
Taschenbuch mit 230 Seiten und 15 Fotos

"**MALLORCA mit allen Sinnen**": Land und Leute kennen und lieben gelernt. Das Meer, die Buchten, in Finkas gewohnt und in Nobelhotels. Mit Einheimischen gefeiert.
Taschenbuch mit 212 Seiten und 21 Fotos, auch als E-Book lieferbar

"**ITALIEN mit allen Sinnen**": Die Wiege abendländischer Kultur. Ziel ihrer Sehnsucht, Menschen kennenzulernen. Zu sehen, zu erleben, was Kunst ist. Einschließlich kulinarischer Genüsse.
Taschenbuch mit 242 Seiten und 21 Fotos, auch als E-Book lieferbar

"**FRANKREICH mit allen Sinnen**": Nachbarland, in dem Geschichte lebendig ist. In römischen Theatern, Klöstern und Königsschlössern. Kultur eingeatmet, Geschichte hautnah erlebt. Sterneküche und Bistros genossen.

Taschenbuch mit 220 Seiten und 30 Fotos, auch als E-Book lieferbar

"**ZUHAUSE – Wo?**" Autobiographie, eine lange, detailreiche Geschichte. Mit Niederlagen und Siegen. Überraschenden Höhepunkten und geplanten Erfolgen. Liebe und Tod die Eckpunkte allen Geschehens.
Taschenbuch mit 443 Seiten

"**GESICHTER das Rätsel hinter den Fassaden**" Alles hat ein Gesicht. Essays über Pharaos Goldmaske, Jesus von Nazareth, Karl der Große, Goethe, Adenauer, Marilyn Monroe u.a. Ein Hund, Landschaft, Städte und der Autor selbst im Spiegel. Findet er des Rätsels Lösung?
Taschenbuch mit 250 Seiten und 18 Abb., auch als E-Book lieferbar

"AUGE um AUGE": Roman über den Konflikt zwischen Juden und Palästinensern. Politische und gesellschaftliche Probleme. Ein Mann und zwei Frauen darin verwickelt. Eine von ihnen ist Jüdin. Engagiert mit ihrem Freund für Versöhnung. Sie lernen sich kennen und das Drama nimmt seinen Verlauf. Tote auf allen Seiten. Ein Mann, eine Frau bleiben und ein dreijähriges Kind.
Taschenbuch und Hardcover mit 286 Seiten, auch als E-Book lieferbar

"PORCUS – das charakterlose Schwein" Fast ein Krimi. Lebenslauf von Gymnasiasten, die sich mit lateinischem Namen ansprechen. Porcus einer, der sie verpetzte, als sie in der Pause mit Mädchen schmusten. Später versuchte er einen von ihnen zu töten. Was ihm nach vielen schlimmen Ereignissen zum Schluss auch gelang. Weil er einen schlechten Charakter hatte?
Taschenbuch und Hardcover, 224 Seiten, auch als E-Book lieferbar

"Das Rätsel Frau" – aus der Sicht des Mannes. Weil sie anders ist. Nicht nur anders aussieht, sondern vor allem anders denkt, fühlt, reagiert und entscheidet.
Taschenbuch und Hardcover mit 144 Seiten, auch als E-Book lieferbar

"Fräulein QUAKIS Versuche ein Mensch zu werden". Geschichte einer Freundschaft zwischen einem kleinen Mädchen und einem Froschfräulein. Was so hoffnungsvoll begann, endet in einem Desaster. Alle Versuche Deutsch zu lernen scheitern. Wundermittel, Wallfahrten und Gentransplantion bleiben erfolglos. Sie bleibt ein Frosch. Und endet nicht wie der Frosch in Grimms Märchen.

Taschenbuch und Hardcover mit 104 Seiten, auch als E-Book lieferbar

"Adieu – Nichts bleibt …"
Jeder weiß, dass Abschiednehmen zum Leben gehört. Sich trennen müssen von dem, was wir lieben, gewohnt sind. Wir verdrängen den Gedanken daran, aber es hilft uns nicht. Leben heißt sich verändern. Kommen und gehen wie Frühling, Sommer, Herbst und Winter. Wachsen und reifen und sterben. Sonst wäre es nicht lebendig, sondern tot.
In 38 Kurzgeschichten erzählt der Autor, wie er selbst und viele andere dieses ständige Abschiednehmen erlebten. Besser gesagt überlebten. Jedes Mal tieftraurig danach, gefasst oder reifer geworden in Einsicht und Charakter. Entschlossen Neues zu beginnen oder es hinzunehmen wie ein unvermeidliches Schicksal.
Taschenbuch und Hardcover, 187 Seiten, auch als E-Book lieferbar

"Mann Gottes" Der Mann Theologe und Dozent an einer katholischen Akademie. Die Frau heimgekehrte Russlanddeutsche, verheiratet. Sie verlieben sich, begehren einander. Probleme bleiben nicht aus. Innere Zweifel, äußere Zwänge führen zu einem Fiasko.
Taschenbuch und Hardcover, 224 Seiten, auch als E-Book lieferbar

"Ich bin nicht der ich bin" Wer bin ich? Die Frage treibt den Autor um. Denkt und denkt und kommt nach vielen gedanklichen Pirouetten zur Erkenntnis: ich bin ein Mensch wie andere. Mal so, mal so. Wechselhaft wie das Wetter.

Taschenbuch und Hardcover, 83 Seiten, auch als E-Book lieferbar

„**ALTER EGO – das andere Ich**" Das Leben eines Mannes, der zweihundert werden will. Unterwegs zu den fantastischsten Abenteuern. Alltags in Freiburg, im Universum auf den Flügeln seiner Fantasie. Und bei sich selbst. Herauszufinden, wer er ist. Liebt, malt, spielt Klavier, kocht. Ein Mensch mit mehr als zwei Identitäten? Alle in einer Person? Mehr als Gott in drei. Höchst spannend, seiner Vita zu folgen. Der Auferstehung seiner toten Rose.
Taschenbuch und Hardcover mit 384 Seiten. Auch als E-Book lieferbar.

„Das Haar in der Apokalypse" Die aufregende Geschichte von einem Haar aus der Wolle eines provençalischen Schafes, im 14. Jahrhundert zu Garn gesponnen, zum Gewand des Apostels Johannes und Gottvaters geknüpft. In fantastischen Bildern der Apokalypse, den Endzeitgesängen des Johannes, auf riesengroßen Teppichen nebeneinander gehängt in einer Länge von über 100 Metern.
Ein ausdrucksvoll eindringliches Spektakel mittelalterlicher Vorstellungen vom Ende der Welt - und einem Haar, das nicht sterben wird, solange die Teppiche im Schloss von Angers an der Loire hängen.
Taschenbuch und Hardcover mit 136 Seiten. Auch als E-Book lieferbar.

„Das Experiment" Parabel könnte man dieses Buch nennen. Philippe Emmanuel Escargot ist klein von Ge-stalt. Hoch begabt, träumt, der Größte zu werden. Die Idee Im Kopf, Häuser für Menschen zu bauen, die wie Schneckenhäuser aussehen und funktionieren. Zuhause sein und un-terwegs gleichzeitig. Studiert Architektur, experimentiert, verliebt sich. Schei tert, beginnt wieder von Neuem. Er will mit seiner Freundin im Schneckenhaus wohnen. Das Experiment gelingt, wie es den Anschein hat.
Taschenbuch und Hardcover mit 244 Seiten. Auch als E-Book lieferbar.

In der modernen Welt wird es für das Individuum zunehmend schwieriger, sich gegen Visionen von Größe bei Politikern zu behaupten und Moden aller Art, die laufend wechseln. Globalisierung und Digitalisierung nehmen zu, in bisher unvorstellbarem Tempo, gefährden Arbeitsplätze, ver-wischen Maßstäbe. Groß muss alles sein, um mehr Macht zu haben. Der Einzelne scheint wehrlos. Die Gefahr, sich selbst zu verlieren, ist groß – Selbstbestimmung nur noch ein Wunschbild? Beispiele in diesem Buch zeigen, dass es geht, wenn der Mensch seine Ansprüche reduziert und ein bisschen Mut aufbringt der zu sein, der er ist.
Taschenbuch und Hardcover mit 228 Seiten. Auch als E-Book lieferbar.

Friedrich II., Kaiser des Heiligen Römischen Reiches — der mächtigste und fortschrittlichste Potentat seiner Zeit wird aller Ämter beraubt. Was macht ein Mann, den die Kirche entmachtete? Der als Erster ein Gesetz zur Reinhaltung der Luft erließ? Der Fremde in sein Land holte, um es zu bereichern? Der Universitäten gründete, Bücher schrieb und Frauen nicht nur liebte, um Nachfolger zu haben?

Taschenbuch und Hardcover mit 400 Seiten. Auch als E-Book lieferbar.

Nichts bewegt Menschen so sehr wie Sterben und Tod. Die Angst vor dem endgültigen Aus besteht zwar meist unbewusst, treibt uns aber an und motiviert uns, am Leben zu hängen, es zu lieben - mit allen Fasern unseres Seins.

Dieses Buch definiert Gründe für die Angst vor dem Tod, ebenso die Tricks, ihm auszuweichen, ihn zu ignorieren sowie die Rolle der Religionen dabei - vom sogenannt »finsteren Mittelalter« bis in die aufgeklärte Gegenwart.

Wer es aufmerksam liest, entdeckt hinter allem Positives. Das Buch ist eine Aufklärungsschrift über die Macht des Todes, aber ebenso eine einzige Hymne an das Leben. Die Bekenntnisse des Autors: Liebeserklärungen eines Optimisten.

Taschenbuch und Hardcover mit 356 Seiten. Auch als E-Book lieferbar.

Obst und Gemüse sind die gesunde Basis unserer Ernährung, das weiß jeder halbwegs vernünftige Mensch. Vielleicht muss man aber auch ein Biologe sein, um zu wissen, warum.

In diesem Buch hat ein Poet sich inspirieren lassen, Obst und Gemüse auf seine Weise gesehen und interpretiert – anders als Markt, Supermarkt und Biologen es definieren.

Formen verändern sich und bleiben, was sie sind. Farbe zeigt Wechselwirkungen. Alltägliches kommt auf neue Gedanken, träumt Schönes, wird Bild und Vers.

Taschenbuch und Hardcover mit 108 Seiten. Auch als E-Book lieferbar.

www.ingramcontent.com/pod-product-compliance
Lightning Source LLC
LaVergne TN
LVHW012053070526
838201LV00083B/4552